The Rain Sermon

Il Sermone della Pioggia

Dianne Cikusa

Translation by / Traduzione di
Liliana Marando-Menin

Copyright © Dianne Cikusa 2023

The moral right of the author has been asserted in accordance with the Copyright Amendment (Moral Rights) Act 2000.

All rights reserved. Except as permitted under the Australian Copyright Act 1968 (for example, fair dealing for the purposes of study, research, criticism or review) no part of this publication may be reproduced, stored in a retrieval system, or transmitted in any form or by any means, electronic, mechanical, photocopying, recording or otherwise, without the written permission of the publisher.

Cataloguing-in-Publication entry is available from the National Library of Australia:
http://catalogue.nla.gov.au/

Title: The Rain Sermon

Author: Cikusa, Dianne, 1973–

ISBN: 978-0-6454807-0-2 (paperback)

Subjects: Poetry

Cover and internal images under license from Adobe Stock

Photo of the author, page 69 © Cindy Waldron 2015

Photo of the translator, page 75

Published by Mignon Press, 2023

PO Box 922, Katoomba NSW 2780

mignon
PRESS

© Dianne Cikusa 2023

Il diritto morale dell'autore è stato rivendicato in conformità con la legge del 2000 sull'emendamento dei copyright.

Tutti i diritti riservati. Ad eccezione di quanto consentito dall'Australian Copyright Act 1968 (ad esempio, fair dealing ai fini di studio, ricerca, critica o recensione) nessuna parte di questa pubblicazione può essere riprodotta, archiviata in un sistema di recupero o trasmessa in qualsiasi forma o con qualsiasi mezzo, elettronico, meccanico, fotocopie, registrazione o altro, senza l'autorizzazione scritta dell'editore.

L'iscrizione alla catalogazione in pubblicazione è disponibile presso la Biblioteca Nazionale d'Australia (National Library of Australia): http://catalogue.nla.gov.au/

Titolo: Il Sermone della Pioggia

Autore: Cikusa, Dianne, 1973–

ISBN: 978-0-6454807-0-2 (tascabile)

Soggetti: Poesia

Copertina e immagini interne su licenza di Adobe Stock

Foto dell'autrice, pagina 69 © Cindy Waldron 2015

Foto della traduttrice, pagina 75

Pubblicato da Mignon Press, 2023

PO Box 922, Katoomba NSW 2780

Other books by this author:

Altri libri di quest'autrice:

Hope and Substance

The Sea In-Between

The Rain Sermon (French version)

Who saw Beauty cry, and failed to hold her left hand?

The Jigsaw of Eight Thousand Pieces

The Little Tree of Wisdom

The Garden of Least Flowers

The Silent Face of Enlightenment

The Invisible Diary

Heart Space

The Poet's Atlas

The Business of Wisdom

For my mother, Mary

Per mia madre, Maria

Simplicity is the ultimate sophistication.

La semplicità è la suprema sofisticazione.

– Leonardo Da Vinci

Poesie

quadro *2*

memorie *6*

perimetro *10*

alfabeto *14*

paesaggi *18*

tende *22*

satellite *26*

esplorazione *30*

marinaio *34*

palloncini *38*

manichino *42*

farfalla *46*

cimelio di famiglia *50*

passeggeri *54*

murale *58*

Epilogo *62*

Note sull'autrice *66*

Note sulla traduttrice *70*

Ringraziamenti *76*

Poems

painting 3

memoirs 7

perimeter 11

alphabet 15

landscapes 19

curtains 23

satellite 27

exploration 31

sailor 35

balloons 39

mannequin 43

butterfly 47

heirloom 51

passengers 55

the mural 59

Conclusion 64

About the author 67

About the translator 72

Acknowledgements 78

quadro

io sono un fiore
che cresce fermamente nel suolo
sostenuto da una mano che nutre
che attinge dall'amore per nutrirlo

io sono un fiore
la cui estasi può essere sentita
e apprezzata
attraverso occhi intelligenti
occhi che invocano verità

io sono un fiore
semplice ma bello
nella mia innocenza
e nel mio fragile contenimento

io sono un fiore
che si appaga della pace di Dio
e dell'opulenza del paradiso

io sono un fiore
che ti invita affabilmente
nel suo giardino
e nel bouquet della sua fragranza.

painting

I am a flower
growing resolutely in the soil
sustained by a nurturing hand
that draws up love to feed me

I am a flower
whose rapture can be felt
and appreciated
through intelligent eyes
eyes that invoke truth

I am a flower
simple yet beautiful
in my innocence
and fragile containment

I am a flower
refilling with God's peace
and the opulence of heaven

I am a flower
inviting you affably to my garden
and into the bouquet of fragrance.

memorie

una volta ho fatto un errore—
un errore che
sembrava giusto in quel momento

ho fatto un errore
una volta
e l'ho attribuito al fallimento
mi sono rimproverata
per non essere adeguata
per non essere perfetta

per una volta ho imparato qualcosa—
che nonostante mi sia spesso sentita imperfetta
non avevo commesso alcun errore intrinseco.

memoirs

I made a mistake once—
an error
it seemed right at the time

I made a mistake
once
and put it down to failure
I chastised myself
for not being enough
for not being perfect

I learned something once—
that while I'd *often* felt imperfect
I had made no inherent mistake.

perimetro

se guardassi nel profondo di te stesso
cosa troveresti?
troveresti delle montagne
di potenziale duraturo
o dei muri di costante paura?

se scalassi le montagne
cosa vedresti?
vedresti dei panorami
di maestoso progresso
o degli orizzonti di obiettivi imperiali?

se cambiassi di prospettiva—

saresti comunque di parte?
o saresti di conseguenza libero?

perimeter

if you looked deep inside yourself
what would you find?
would you find mountains
of enduring potential
or walls of abiding fear?

if you climbed the mountains
what would you see?
would you see vistas
of majestic progress
or horizons of imperial goals?

if you changed your perspective—

would you be nonetheless biased?
or would you in consequence, be free?

alfabeto

facciamo un gioco
chiamato
reazioni
dirò una parola
poi tu rispondi
con rabbia o disprezzo

le regole sono facili
(in definitiva,
non ce ne sono)

scegli un'emozione
turbolenta
e indossala
come una maschera
ora è il tuo turno:
e quando fai o dici
qualcosa che non mi piace,
sarò indignata
perderò il mio sangue freddo

poi ricominceremo
solo che non c'è vincitore
in questo gioco—
solo un perdente più triste.

alphabet

let's play a game
called
reactions
I'll say a word
then you respond
with anger or spite

the rules are easy
(　ultimately,
there are none)

pick an emotion
a turbulent one
and put it on like a mask
now it's your turn:
and when you do
or say something
I don't like,
I will react indignantly
staying neither
balanced nor composed

then we'll go again
only there's no winner
to this game—
just sorest loser.

paesaggi

sei il volto paragonabile dell'aspirazione
con cui creo modelli del mondo
con cui posso fare congetture
e prendere appunti

tu sei la voce fuori campo
che fa eco al mondo
attraverso i vapori di sogni senza casa

tu sei lo stampino
con cui segnalo il mondo del pensiero
allora ti prego di tenere ferma la cornice
così possiamo soffermarci
nella nostra rispettiva visione.

landscapes

you are the comparable face of aspiration
with whom I craft templates of the world
with whom I can surmise and take notes

you are the voice-over
who echoes the world
through vapours of homeless dreams

you are the stencil
by which I mark the world of thought
now please hold still the frame
that we may linger in our respective vision.

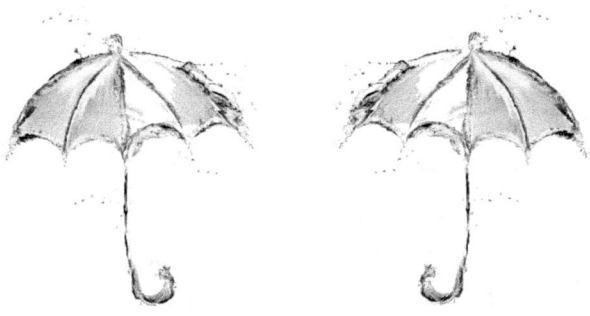

tende

il verde è il mio colore preferito—
si integra nel mio corpo
e diffonde la sua guarigione
dalle pieghe del mio cuore

verde
vivente
palpitante

la natura si veste
in mantelli di verde
strato nascosto all'interno dello strato
di tessuti dalle pieghe morbide
e scampoli

orli generosi
lasciando un'impronta liquida
sul guardaroba di Madre Natura

verde e celeste benedizione
verde ed ispirato indumento

il desiderio fanciullesco è intrecciato
mentre le matrone cuciono abilmente
pezzi di privilegio abbottonato
nel mio sogno verde.

curtains

green is my favourite colour—
it embeds itself into my body
and spreads its healing
from the creases of my heart

living
breathing
green

nature dresses herself
in cloaks of green
layer tucked within layer
of soft-folding textiles
and adjoining remnant

generous hemlines
leaving liquid imprint
on Mother Nature's wardrobe

heavenly green blessing
inspired green garment

the maidenly wish is interlocking
while matrons are deftly
sewing pieces of buttoned privilege
into my green dream.

satellite

senti
il richiamo dell'acqua
i sussurri degli alberi
e della fauna?

senti
la canzone che cantano
il canto della Terra
la ninna nanna della vita stessa?

senti anche tu
le grida di dolore
il dolore dell'incuria
e dell'abuso?

senti?

o è la tua stessa voce
così forte per l'ignoranza
che la risonanza
della Terra
cade nel vuoto?

satellite

do you hear
the calling of water
the whispers of trees
and of fauna?

do you hear
the song that they sing
the chant of the Earth
the lullaby of life itself?

do you hear also
the cries of pain
the sorrow of neglect
and of abuse?

do you hear?

or is your own voice
so loud with ignorance
that the resonance
of the earth
falls upon deaf ears?

esplorazione

seguimi in questo viaggio
attraverso i boschi più profondi
dove posso scoprire
il più intimo tratto della mia volontà

tienimi la mano
e guida la strada
poiché la strada non è familiare
e non so cosa aspettarmi

se inciampo
prendimi così posso continuare

dammi fede
che io possa vincere la battuta d'arresto
perché a volte la tua mano è insensibile
e percepisco da sola il pericolo

allinea il sentiero
e illumina la mia strada
spingimi oltre un'imboscata
verso i custodi dell'aldilà.

exploration

follow me on this journey
through deepest woods
where I may discover
the innermost stretch of my will

hold my hand
and guide the way
since the road is unfamiliar
and I know not what to expect

if I stumble
pick me up so I may continue

give me faith
that I may conquer setback
as at times your hand is numb
and I sense danger alone

align the trail
and illumine my way
nudge me past an ambush
toward the custodians of beyond.

marinaio

ascolta la quiete
di cieli privi di accenti
e dell'oceano in sordina
movimento senza fretta
più un debole
cambiamento ritmico

interazione armoniosa
dove ogni elemento
non ha nulla da ottenere—
deve solo relazionarsi
e fiorire
in vera forma

ascolta la quiete
movimento sottile
che allude alla dolce evoluzione.

sailor

listen to the stillness
of unaccented skies
and muted ocean
unhurried movement
plus a faint
rhythmic change

harmonious interaction
where each element
has nothing to achieve—
only to relate
and to flourish
in true form

listen to the stillness
subtle movement
alluding to gentle evolution.

palloncini

sai essere semplice?
cosa intendi?
se devi chiedere
allora presumo che tu non lo sia

intendo ...

staccarsi dalla stravaganza
degli altri
vivere fondamentalmente,
non gravato dalla merce
rifiutando ciò che non è essenziale
che ti confonde e ti inganna
a volere sempre di più

sai essere semplice?
non ci credo
la domanda è semplice
la risposta è semplice
solo se sei complesso
non capiresti mai.

balloons

do you know how to be simple?
what do you mean?
if you must ask
then I presume that you don't

I mean ...

to detach from
the extravagance of others
to live fundamentally,
unencumbered by commodity
rejecting non-essentials
that confuse you and fool you
into wanting more and more

do you know how to be simple?
I didn't think so
the question is simple
the answer is simple
only when you are complex
will you not understand.

manichino

all'inizio è stato difficile
essere sensibile
ed essere forte
ha sempre funzionato
solo in un modo

ma ora ho scoperto come
la mia tenerezza può incanalare

il cuore è tenero dentro
mentre è racchiuso in un guscio
per proteggere
i suoi contenuti più fini

i miei sensi vi abitano
mentre permeano il guscio

così quando sono forte
sono anche dolce
e quando sono sensibile
sono sempre al sicuro.

mannequin

it was hard at first
to be sensitive
and to be strong
it only ever worked one way

but now I've detected how
my tenderness can channel

the heart is soft inside
whilst encased in a shell
to protect its finer contents

my senses dwell there
as they permeate the shell

so that when I am strong
I am also soft
and when I am sensitive
I am always safe.

farfalla

mi hai visto trasformare?
mi hai visto aprire le ali?
sapevi che avevo paura?
paura di essere surreale
di poter volare
e sentire il respiro in espansione
che mi fa ravvivare

sapevi che mi sono sentita intrappolata?
dall'oscurità
e dalla pressione di quelle mura

però c'è una nuova chiarezza!
lo scenario è luminoso
e non posso fare a meno di assorbire
la magnificenza del mondo
è così fantastico—
sono così piccola
eppure sento il mio posto

vedo il tuo sorriso quando ti porto gioia
e io so che la mia oscurità
ha fatto emergere un tocco di eterno.

butterfly

did you see me transform?
did you see me open my wings?
did you know I was afraid?
afraid of being surreal
of being able to fly
and feel expanding breath revive me

did you know I felt trapped?
by the darkness
and the pressure of those walls

though clarity is anew!
the scenery is bright
and I cannot help but absorb
the magnificence of the world
it is so awesome—
I am so small
yet I feel my place

I see your smile when I bring you joy
and I know that my darkness
has brought out a touch of the eternal.

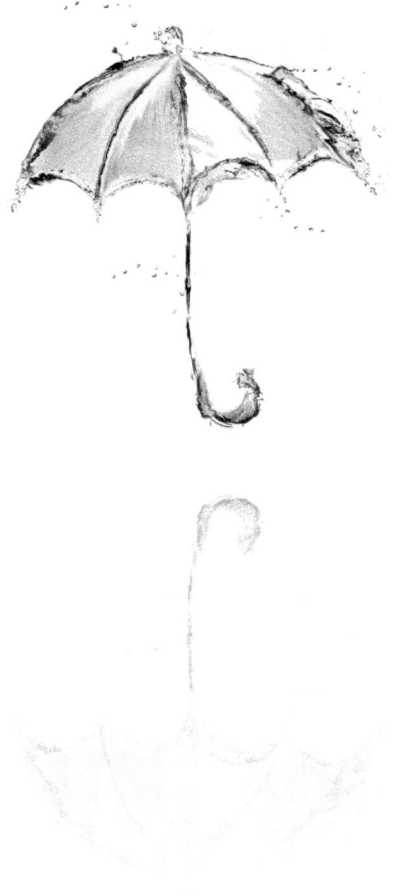

cimelio di famiglia

costruirò un castello di sabbia
anche se non può durare per sempre

lo costruirò con uno scopo
e con passione
e non sarò triste
se si sbriciola
o viene lavato via

costruirò di nuovo
con equilibrio e silenzioso impatto

la sua impermanenza un promemoria
che solo la sabbia dura per sempre
e non le strutture che costruisco.

heirloom

I'll build a castle of sand
even if it can't last forever

I'll build it with purpose
and with passion
and I won't be sad
if it crumbles
or is washed away

I'll build again
with poise and quiet impact

its impermanence a reminder
that only the sand lasts forever
and not the structures that I build.

passeggeri

l'Abitudine è una compagna astuta
a cui piace perseguire la propria mente

la sua presenza è pesante
a volte un fardello
e mi brama piuttosto spesso

anche se la mando via
ritorna più tardi
a volte con un ospite
prendono il mio tempo prezioso
e mi inducono con l'inganno
a giocare a modo loro

ma le prove sono diventate vecchie
e si stanno esaurendo
quindi non accetto più di essere l'ospite

devo solo spiegare ad Abitudine
che la sua presenza non è gradita

e non possiamo più essere amici.

passengers

Habit is a shrewd companion
who likes to pursue his own mind

his presence is heavy
a burden at times
and he craves me rather frequently

although I send him away
he returns again later
sometimes with a guest
they take up my valuable time
and trick me into playing their ways

but the ordeals have become old
and are wearing thin
so I won't agree to be host anymore

I'll just have to explain to Habit
that his presence is not welcome

and we can no longer be friends.

murale

colorami di rosso
con persistenza
colorami di arancione
con umorismo
colorami di giallo
con serietà
colorami di verde
con serenità
colorami di blu
con il fuoco
colorami di viola
con discrezione
quindi aggiungi acqua
alla speranza color rosa

assorbire l'oscurità
della mia negatività
con la purezza
della luce bianca
saturami
nell'arcobaleno della vita.

the mural

colour me red
with persistence
colour me orange
with humour
colour me yellow
with earnest
colour me green
with serenity
colour me blue
with focus
colour me violet
with discretion
then add water
to rose-coloured hope

absorb the blackness
of my negativity
with the purity
of white light
saturate me
in the
Rainbow of life.

Epilogo

Le nostre storie di vita racchiudono una moltitudine di relazioni, sia realizzate che potenziali. Incorporano i nostri successi e percepiti fallimenti, le nostre restrizioni autoimposte e le occasionali "morti simboliche" che si esprimono attraverso la trasformazione interiore e la rivalutazione emotiva.

Attraverso un processo continuo di autovalutazione, la nostra ricerca vivente ci spinge ad andare oltre le strutture mondane e sociali repressive verso il raggiungimento di una maggiore presenza "interna".

Mettendoci in discussione e valutando la validità delle nostre azioni e valori, otteniamo autenticità nella nostra vita personale, mantenendoci efficacemente in un migliore contatto comprensivo con il mondo naturale e con l'essenza spirituale di noi stessi. La negatività può altrimenti presentarsi nelle distrazioni e distorsioni della mente, risultando in giudizi costrittivi, eccessi materialistici e / o preoccupazioni superficiali.

Mantenere la propria consapevolezza di sé è un processo senza fine di combinare le reminiscenze del passato, accettare un coinvolgimento con il presente e liberare il desiderio residuo di un futuro. La totalità è inafferrabile senza una comprensione della natura intangibile dello Spirito e anche della nostra brevità umana. Solo il mondo fisico della permanenza cerca di aggrapparsi strettamente alle cose o di esigere una realtà sostenibile. È nella nostra ricerca di sostanza che troviamo piuttosto, un sostentamento interiore così come un'eventuale verità – una verità così semplice che possiamo trascorrere le nostre intere vite in una ricerca accelerata, illusoria o complicata di essa.

Conclusion

Our life stories encompass a multitude of relationships, both realised and potential. They incorporate our successes and perceived failures, our self-imposed restrictions – and the occasional "symbolic deaths" which express themselves through inner transformation and emotional reassessment.

By a continual process of self-evaluation, our living quest incites us to move beyond repressive worldly and social structures towards the attainment of a greater "internal" presence.

In questioning ourselves and assessing the validity of our actions and values, we regain authenticity within our personal lives – effectively keeping us in better sympathetic contact with the natural world and with the spiritual essence of ourselves. Negativity may otherwise present itself in the distractions and distortions of the mind, resulting in constricting judgements, materialistic excesses and/or superficial preoccupations.

Maintaining one's self-awareness is a never-ending process of combining the reminiscences of the past, accepting an engagement with the present, and releasing any longing for a future. Totality is ungraspable without an understanding of the intangible nature of the Spirit and also of our human brevity. Only the physical world of permanence seeks to hold to things tightly, or to demand a sustainable reality. It is in our search for substance that we find, rather, an inner sustenance, as well as an eventual truth – a truth so simple that we can spend our entire lives in an accelerated, delusive, or complicated pursuit of it.

Note sull'autrice

Dianne Cikusa è nata in Australia nel 1973.

È cresciuta a Sydney, dove i suoi genitori si sono stabiliti dopo essere emigrati dall'ex Jugoslavia.

Dopo il liceo, ha frequentato l'Università di Wollongong, laureandosi con un Bachelor of Commerce (Marketing major) ed un Graduate Diploma in Arts (Modern Languages).

Dianne ha anche ottenuto un diploma in studi linguistici (francese) presso l'Università di Sydney.

Mantiene un interesse costante per le lingue straniere, con un focus aggiuntivo su linguistica e traduzione. I suoi studi post-laurea hanno ulteriormente incorporato le sezioni linguistiche in spagnolo e italiano.

About the author

Dianne Cikusa was born in Australia in 1973.

She grew up in Sydney, where her parents settled after emigrating from the former Yugoslavia.

Following high school, she attended the University of Wollongong, graduating with a Bachelor of Commerce (Marketing major) as well as a Graduate Diploma in Arts (Modern Languages).

Dianne also obtained a Diploma in Language Studies (French) from the University of Sydney.

She maintains an ongoing interest in foreign languages, with an additional focus on linguistics and translation. Her postgraduate studies have further incorporated language streams in Spanish and Italian.

Note sulla traduttrice

Liliana è nata a Grotteria in Calabria, Italia, dove consegui la Licenza Liceale. In seguito, si iscrisse alla Facoltà di Lingue e Letterature Moderne, alla Sapienza a Roma. Dopo essersi trasferita in Australia, completò la sua Laurea in Italiano all'Università di Sydney ed in Francese e Didattica e Metodologia all'Università di Macquarie.

In attesa di ricevere l'approvazione per i suoi studi universitari, Liliana consegui al Metropolitan Business College il diploma di dattilografa. Inoltre ottenne il livello 2 NAATI dall'Università di NSW che le permise di lavorare per due anni per l'Australian Interpreting Association come interprete e traduttrice di documenti medici e legali.

Dal 1980 al 2000, Liliana insegnò alla Scuola Superiore di Concord dove iniziò il Dipartimento di Lingue. Quindi si occupò di programmi, disciplina, pubblicità, eccetera. In più, Liliana preparò all'insegnamento alcuni studenti che frequentavano il corso di Didattica e Metodologia alle Università di Sydney e di Macquarie. Inoltre Liliana organizzò corsi di aggiornamento per studenti e professori d'interpretariato, e corsi di studio per studenti del NSW per gli esami di stato/l'HSC d'Italiano.

Dal 2001 al 2019, Liliana insegnò a tempo pieno Francese e Italiano alla NSW School of Languages, dove al momento fa l'insegnante casuale. Liliana si dedica pure all'insegnamento d'Italiano a studenti privati e a corsi per adulti, fa anche dei lavori privati come interprete e traduttrice.

Nel corso degli anni, per il suo contributo all'insegnamento delle lingue, a Liliana furono assegnate due borse di Studio, una di 3 mesi per seguire dei Corsi intensivi di Lingua e Cultura alla Dante Alighieri a Roma e a Milano, e una di 3 settimane che le diede l'opportunità di frequentare un Corso di Francese a Aix-en-Provence in Francia.

About the translator

Liliana was born in Grotteria in Calabria, Italy, where she completed high school. Afterwards, she enrolled in Modern Languages and Literature at La Sapienza University in Rome. After emigrating to Australia, she completed her degree in Italian at The University of Sydney and in French and Education at Macquarie University.

Whilst waiting to receive approval for her university studies, Liliana completed a typing diploma at Metropolitan Business College. She further obtained her Level 2 NAATI qualification from The University of NSW, which allowed her to work over a two-year period for The Australian Interpreting Association as an interpreter and translator of medical and legal documents.

Between 1980-2000, Liliana taught at Concord High School in Sydney, where she created the Department of Languages. There she was in charge of curriculum, conduct, publicity etc. In addition, Liliana prepared some students for language teaching through an Education and Methodology course run at Sydney and Macquarie universities. Liliana further organised professional development courses for students and teachers of interpreting, and study days for NSW HSC students of Italian.

From 2001-2019, Liliana taught French and Italian part-time at the NSW School of Languages, where she is currently a casual teacher. Liliana also now devotes her time to teaching Italian students privately and via adult courses, as well as engaging in other private translating and interpreting work.

During her teaching career, and as a contribution to her language teaching, Liliana was assigned two scholarships – one for 3 months of intensive language teaching and cultural studies at Dante Alighieri Language Schools in Milan and Rome, and another for 3 weeks in France which gave her the opportunity to attend a course in the French language at Aix-en-Provence.

Ringraziamenti

La prima edizione di "The Rain Sermon" è stata pubblicata da Mignon Press nel 2019 in un libro di poesie bilingue in Inglese e in Francese. Il libro, in versione digitale, ha anche vinto il premio '2020 Global Ebook Awards' nella categoria 'Poesie'. Ispirata dalla mia continua passione per le lingue, la motivazione di produrre una versione bilingue in Inglese e in Italiano è nata dall'entusiasmo e dedizione della mia amica di origine italiana Liliana Marando-Menin, che è la sola traduttrice di questo libro di poesie dall'Inglese. Ho conosciuto Liliana anni fa, all'Alliance Française de Sydney, durante un Corso di Studi Culturali e Conversazione in Francese a livello avanzato. Liliana è sempre rimasta una fantastica e devota amica e mi ha dimostrato incessantemente un gran cuore.

Vorrei estendere i miei ringraziamenti a Gianluca Alimeni, che è stato Professore Associato per lo studio dell'Italiano all'Università di Macquarie. Ho avuto il piacere di avere Gianluca Alimeni come professore per la mia Laurea in Lettere, ed ho trovato che lui è un professore d'Italiano estremamente motivato e competente. Gli sarò sempre grata per il suo incoraggiamento e il suo contributo nel mio progresso dell'apprendimento della lingua italiana. Tanti ringraziamenti anche ad Eva Oliveti, una simpatica conoscente italiana con la quale converso online, che è stata abbastanza gentile da leggere le mie poesie ed offrirmi ulteriori commenti. Eva è di madrelingua italiana ed è anche vissuta in Irlanda per molti anni, quindi è bilingue.

Infine vorrei ringraziare Denise O'Hagan. Poeta ed editore, Denise è nata a Roma e risiede a Sydney. Nel 2015, creò una propria tipografia, Black Quill Press, mediante la quale pubblica le opere di autori indipendenti. Le sue poesie sono state pubblicate ampiamente in Australia e all'estero, ed ha ricevuto vari premi in merito, tra i quali il Dalkey Poetry Prize (Irlanda).

Acknowledgements

The first edition of 'The Rain Sermon' was published by Mignon Press in 2019 as a parallel reader in English and French. The digital version of the book also won first prize in the 2020 Global Ebook Awards (in the Poetry category). Inspired by my ongoing passion for languages, the motivation to produce a bilingual version in English and Italian was born through the willingness and dedication of my Italian-born friend Liliana Marando-Menin, who is the sole translator of this work from English. I met Liliana some years ago during a French cultural studies and advanced conversation course at the Alliance Française in Sydney. Liliana has since remained a wonderful and devoted friend, and has unceasingly shown me a warm heart.

I further extend my appreciation to my Italian teacher Gianluca Alimeni, Associate Lecturer in Italian Studies at Macquarie University. I've had the pleasure of being taught by Gianluca during my language studies under a Bachelor of Arts, and found him to be a highly motivated and competent teacher. I am always grateful for his encouragement and input regarding my Italian learning and language progression. Thank you also to Eva Oliveti, a lovely Italian acquaintance with whom I converse online, who was kind enough to read the Italian version of the poems and offer additional feedback. Eva is both a native Italian speaker who also lived in Ireland for several years, and so is therefore bilingual.

A final thanks to Denise O'Hagan. Denise is an editor and poet, born in Rome and based in Sydney. In 2015, she set up her own imprint, Black Quill Press, through which she assists independent authors. Her poetry is published widely both in Australia and overseas, and she is the recipient of the Dalkey Poetry Prize (Ireland).

For more information about publications and for additional links on ordering books, please visit:

www.mignonpress.com

Per ulteriori informazioni sulle pubblicazioni e per ulteriori collegamenti sull'ordinazione di libri, visitate:

www.mignonpress.com

www.ingramcontent.com/pod-product-compliance
Lightning Source LLC
Chambersburg PA
CBHW050320010526
44107CB00055B/2325